JN418646

창조문학대표시인선 · 300

미래보고서

임형선 시집

창조문학사

□ 서시

詩로의 초대

무의미하게 누워있던 문자들이 몸을 일으킨다
기지개를 켜며 걷기도 하고 뛰기도 하며 어깨춤을 출 때
슬며시 손을 잡고 초대한다

문자들이 작은 소리로 소곤소곤 다가올 때
귀를 쫑긋 세우고 슬며시 기대기도 하고
헛기침으로 다가가며 소리를 적어 본다

문자들이 뒤척이며 잠을 청할 때
베개를 내밀며 다가가 본다

숲속으로 걸으며 연처럼 걸린 문자들을
휘파람을 불며 초대해 본다

익숙해지는 풍경 속으로 걸어 나오는 문자들이
콧노래를 부르며 다가온다
얼른 손을 잡고 함께 걸어간다

문자들이 문장을 만들며 모니터에서 깜박거릴 때
설레며 받아 적어본다

책장에 서성이며 절창으로 노래 부르는 문자들

눈을 지그시 감으며 들여다 본다
꽃피우는 문자들이 의미를 가질 때
이슬이 맺히듯 다가선다

미래보고서에서 시를 쓴다
가장 고운 소리를 부르며 노래 부른다
시어들이 다가오며 모습을 갖춘다
받아 적는다

아장아장 걷기도 하고 큰 걸음으로 다가오는 문자들
가끔 춤을 추기도 한다
다정하게 말을 거는 시간
잔치를 한다
미래보고서로 초대한다
시를 쓴다

2024년 1월 26일
임형선

미래보고서
임형선 시집

차례

2부 하늘에 닿는 마음

3부 회향

4부 기다리는 마음

5부 계절의 소리

6부 삶의 언덕에서

미래보고서
임형선 시집

1부 아름다운 얼굴

빨랫줄

어머니 아버지가 이어 놓은 가족의 연결고리
해질녘이 되니
무거운 짐 다 내려놓고 한 일자로 휴식중이다

고단한 어제를 다 씻어내고
뽀송뽀송한 새날을 준비하는 동동거리는 손

크기도 모양도 색깔도 다른 한 가족의 묶음
어머니의 손때 묻은 빨래집게 의지하고
한 줄로 올라타고 앉아
거센 바람이 불어와도 그네를 탄다
할머니 할아버지 밥상에 앉지도 못했던
옷가지도 같은 줄에서 나부낀다

질척한 일상
물기를 걷어가겠다는 햇볕과 바람의 약속
바지랑대 끝에 앉은 고추잠자리가 증인이 된다

버거운 대가족
아버지의 바지랑대가 하늘 향해 떠받쳐 준 핏줄
총량을 초과한 더버기 빨래들이

투덜댔던 것도

단출한 빨랫줄이 된 지금
거꾸로 매달린 청바지
가랑이에서 떨어졌던 수정
구슬에 꿰어 두고 싶었는데

집 떠난 자식을 기다리는 어미의 마음을
방울방울 엮어
빨래집게가 꼭 붙들고 있다
비 오는 날 오후에

구름집

이름 없는 구름집에는 출입 통제 묵계가 있다
종친이거나 친구이거나 거지이거나

장날이면 장 보러 와 점심상 앞에 앉고
깡통 든 분은 대문 옆에 대기 중이고
친구들은 시도 때도 없이 밀물인 듯 몰려 와
하얀 포말로 침 튀기고
사랑방은 풍선처럼 커졌다 작아졌다
언니 친구들의 후루룩거리는 소리
국수 가락 같은 긴 말들을 고추장에 버무리고

공부 하겠다 몰려 온 책가방들이
제발 잠 좀 자자는 할머니의 불호령도 안 들리는
고구마 깎아 먹기
찬밥 한 덩이에 탁 쏘는 동치미 무
밤 새워 나눠도 부족했던 이야기

어머니의 앞치마 자락을 적셨는데

썰물 되어 떠나 간 형제들의 자리에는
매미 허물만이 덩그러니 남아 있는

몰려든 떼구름 비좁았던
사람 냄새로 가득했는데

무궁화

신비한 사랑
당신만 믿고 비옥한 땅이라고 찾아 왔어요
비루한 빗물
거친 토양 그냥 지나치지 못하는 시선
뿌리를 힘들게 해요
그래도 꽃이 귀한 여름 피고 또 피어요

오래 전 인도에서 시집 온 무궁화
소박한 토종 황근 보다 더 사랑 받아요

우린 베트남, 네팔, 일본, 캄보디아에서 시집 왔어요
태양의 햇살처럼 퍼져 나가요
분홍, 빨강, 노랑, 흰색
여러 색깔의 꽃을 피우는 히비스커스
다문화 가정입니다
우리도
이 땅에 정착해 아모르파티를 하는
무궁화 꽃이랍니다

※ 히비스커스(hibiscus) : 무궁화 학명
아모르파티(amor fati) : 운명애(運命愛)

자작(子爵)나무

나만의 이상향
올곧게 자라리라 쓰임새가 되리라

영광된 그날을 위해
하늘만 바라보고
다잡기에 소홀하지 않았던 족적
수도승처럼 무정한 시간들로 나를 엮어

신의 섭리를 핑계 삼아
뚜벅뚜벅 그렇게

시베리아에 살아도
유럽에 살아도
북한에 산다 할지라도
그 모습 그대로
게놈의 유전자로 집성촌 이루며

표백된 자태로 고고하고 정갈하게
작위를 지키며
나를 自作하고파

계룡대 아스타-1

어룽진 초록빛 제복
촘촘히 줄을 선 몇 열 종대
물들어가는 가을 산 바라보고
덩달아 옷을 갈아입는 당신
여군도 아니면서
보랏빛 적삼이 웬 말인지
정자세는 어디 가고
별들의 사열에도
활짝 웃는 얼굴로
햇살과 눈 맞추고
교태까지 부리면 족하건만
갈바람에 새털처럼 리듬을 타며 흔들어대니
내 발길 묶어 놓고
어쩌란 말이냐
아쉬움 묻어 놓고 돌아서니
눈은 뒤를 보고 발은 앞을 보고

모닥불

인삼 향기 배낭에 지고 비단뫼 떠난 형제들
한 자리에 만난 적이 언제였던가

문향제에 피워 놓은 12월의 모닥불
주렁주렁 달린 동생들의 맏이
힘겨운 삶 속에서
달력 한 장 넘기기가 버거웠던 손가락
다 녹아지는 불 꽃
부모님의 짐을 대신 졌던 언니의 팔순
고향집 뜰에 묻어 둔 옛 이야기 뒤적이는 동심
그 잔영 영원히 남을 한 페이지

한 줄기에 달라붙은 고구마
둥글기도 하고 단단하고 길쭉하고 뾰족하고
결핍증에 걸려 잔털만 무성해도
맛내기가 같은 우리는 한 형제
위하여 베푸는 그 심성 어찌 고맙지 않으리

언제 또 다시 만나
마음의 모닥불 피워 볼 거나

양말 산책

밟히며 그냥 살아 온 너
혼자서는 나들이도 못하지만
옷 따라 동행도 하지
무도회도 가고
품위나 체면을 신겨 주기도 했지
생의 긴장감도 줬지만
버릴 때는 고맙다는 말 한 마디 없이
미련도 없이 내 던졌는데

비에 젖은 낙엽이 준 상처
퉁퉁 부은 발에게는
비단실로 꽃단장한 너보다
고무줄 늘어진 펑퍼짐한 네가 좋더라

병들어 지쳐 있을 때
멀리 있는 잘난 자식보다
고난의 행군을 함께 했던
낡은 양말 같은 그이
내 곁에 있어 발이 참 편하다

띄움표

휘몰아치는 바람
고개 가누지 못하고
미쳐 날뛰는 파도
가슴앓이 멍이 들고
허공에 기대어 맨몸으로 감당해야 하는 바다

태양을 삼킨 어두움이 찾아오면
별들이 주절이주절이 속삭이는 말
물 위에 서성이며 윤슬되어 빛나네
파도소리 자장가 삼아 잠이 들면
태양을 토해내는 아침
긴 햇살이 기지개 켜는 하루가 시작되네
갈매기 날개 짓에 음계 단 굿거리장단
물고기 손놀림에 춤추는 일상

이런저런 엇갈림 속에서
딴 눈 팔지 않고 항상 그 자리 지켜 왔기에
아들 딸 올곧게 자라
제 갈길 가게 해 준 당신
고마워

늙은 우산

아버지의 큰 우산
비바람 불어도 눈보라가 쳐 버거워도
항상 그 곳에 있어
걱정도 감사한 마음도 빗물이 씻어 갔다

내가 쓰고 다닌 우산
병원에 꽂아 놓았는데
누구와 눈 맞았나 도주를 했다
오롯이 비에 젖을 뻔 했는데
의사의 우산 아래 비를 피할 수 있었다

손녀와 짜장면을 먹으러 가는 날
낡은 우산이 덩달아 따라 나선다
초등학생 어린 눈이
체면유지 할 줄 모르는 늙은 우산 위로 조잘대더니
달랑거리는 용돈으로 사 준 작은 우산
아버지 것보다 훨씬 크다

영롱한 빗방울이
손녀의 눈망울을 매달고는
가슴에 촉촉이 내린다

모꼬지

얼굴 맞대고 눈 맞추고 침 튀기며
무상으로 공급되는 공기 공유하며 넉넉해지는 시간

알찬 모임도 아닌
학술지에 올릴 만한 논제도 없이
기록할 만 한 내용도 없는데
목적이 없는 듯 하고
무가치한 것 같으나
이유 없어 보이나 이유 있는

몇 시간의 이야기 꽃 웃음 꽃
우리 집 식탁에 꽂으려 하나 모래 꽃 되어
사르르 없어지는데
스트레스는 풀려나고
신산한 아픔도 녹여내는
대책이 없어 보이는데
잊혀지고 가벼워지는 기다림의 미학도 배우는 삶의 양념

무미건조한 듯하나 촉촉한 활력소가 된 우리의 수다 모임
우리의 얼굴은 함박꽃이 활짝 피었습니다

유전병

손에 땀을 쥐고 있던 손수건으로
시어머니가 좋아하는
눈치 섞인 떡과 전 조각을
손자 앞에 내어 놓는다

"어머니, 이러지 마세요"

뷔페식당 진열대
손자가 좋아하는 문어빵

멋쩍은 미소로
종이컵에 도둑고양이처럼 슬쩍 해서
손자 앞에 내어 놓는다

"어머니, 제발 이러지 마세요"

내가 30년 전에 했던 말이 되돌아온다
시어머니의 시어머니로부터
물려받은 손자 사랑에 눈먼 법의 유전병
어쩔 수 없는 불치병
하느님도 치유 못하는 병에 걸렸다

고구마

표고버섯 같은 초가지붕
하얀 박꽃 액세서리로 가난 덮어 놓고
보리밥에 시래기 국
점심은 건너뛰거나 고구마 먹고 물마시고
흰 쌀밥에 소고기 국 먹는 것이 소원이었는데

가난한 사람의 식탁
잡곡밥에 산 야채
고구마 같은 구황식품이
건강식품 기호식품이 된 뒤바뀐 지금

쌀 10kg에 3만원
고구마 10kg에 3만 5천원
쌀보다 귀한 대접 받네

고구마 너 빛 없는 땅 속에서
빛나는 세상이 올 줄 알고
때를 기다린 거야

고물상

손 때 묻은 지문들이 겹쳐진 오후
사랑 받던 어제와 오늘 뒤바뀐 시간
울컥거리는 인연들이 제련소에 가기 위해 대기 중이다

아깝다는 마음과
불필요하다는 생각 사이를 왔다 갔다 하다가
추억으로 버무린 폐물이었던 것도
세월의 무게에 눌려 금 간 상처 입고 내친 몸
애첩인 양 사랑 받다 버려진 여인상도
모루처럼 맞아 지친 몸도 있는데
끼리끼리 젖은 몸 웅크리며
포승줄에 묶여 떠날 차비를 한다

서민의 애환을 달래 준 소주병은
경범죄인가
곧장 원 위치로 돌아간다

수정된 원고처럼
부활과 재생으로 탈바꿈되어

후생은
월동하느라 고생한 매화

언제 겨울이 있었냐는 듯
이른 봄추위에도 꽃 피우듯
그렇게 소생 하소서

기다리는 거야

누구나 겪을 수 있는 격랑의 계절
표류하는 조각 배
돛대는 어디 갔나
생각은 파도 따라 물결치고

스승이나 부모의 말씀은 저 멀리
파도가 삼켜 버렸는지
전파를 잡지 못하는 고장 난 라디오처럼
윙윙거릴 뿐

심한 바람 부는 날 바다는 몸살을 앓지만
먼 바다로 여행을 떠난 바람이 소식이 없으면
잔잔한 물결 위에 자신을 돌아보겠지

사춘기를 지나는 길목
광풍에 흔들려 다듬지 못해
학교나 부모의 규격품에 들지 못했을 뿐이다

숲속의 크고 작은 나무들이 제멋대로 자랐다 할지라도
잘도 어울려 살 듯
아주 작은 키를 가진 잔디라 할지라도
누가 못났다 하던가

단단한 결속력으로 큰 둑을 지키며
그들답게 살지 않던가

건축가가 버린 돌
모퉁이에 머릿돌이 되듯이

블랙박스

불꽃 냄새가
창밖으로 나와 그들을 에워싼 밤

이마를 맞대고 심장을 조율하는
볼트와 너트
단단히 조여 용접하는 불꽃
음전기와 양전기 번갯불 같은 스파크
그녀 수장고에 블랙박스를 넣기 위한 작업이다

아무도 흉내 낼 수 없는 오직 하나뿐인 명품
모조품이 있을 수 없는 그와 그녀의 합작품
창조의 기쁨이 바닷물처럼 충만하다

아무도 열 수 없는 비밀의 요람
올챙이처럼 유영만 하면 되는 280여일
개장 타임스위치 켜지는 날
물주머니 터뜨리고 공기 주머니 속으로 이주한다
이승에 필요한 이목구비 어찌 알고 준비했는지
그것을 묻고 싶다 아가야

굴곡진 길을 달려온 운전자 되어
못 다한 잠음 다 삼키고

낡은 육신의 옷 벗어 던지고
나비되어 날아가는 영혼 될 때
누구에게나 적용되는 공통분모는 무엇일까

극락인지 천국인지 지옥인지
적응하기 위한 날개옷은

사랑으로 태어나서 사랑으로 살아 온
생애 기록장 블랙박스 하나 들고
자연이 준 모든 것 자연에게 돌려주고
사랑의 세계로 가는 것인가

환불

중세 여인을 흉내 내고 싶은 날
허리 잘록한 드레스에 어울리는
별의별 모자가 있는 가게를 기웃댄다

넓은 차양 약간의 수치도 가릴 수 있는
내가 보이지 않게 시선을 모으는 액세서리
태양처럼 빛나는 조명이
첨가제가 되어 더욱 멋스럽다
우리 집 녹슨 거울에 어울리지 않아
환불로 내민 손 기꺼이 허락한다

치부와 허세로 산 인생
슬쩍 끼워 되돌려 달라고 요청하니
구입한 곳에 가란다
속빈 강정처럼 살았으면서
흐르는 물속에 모서리는 숨겨 놓고
몽돌처럼 보이고 싶어
졸졸 흐르는 물소리로 나를 포장한다

어쩌다 어떻게 하다가 산 것
잘못 산 모양새
환불하고 싶다

아직도 저 예쁜 모자처럼
허울을 감추고 멋 내고 싶은
희수(喜壽)가 된 소녀는 꿈을 꾼다

오천만 원

딸이 다녀가는 날
이것저것 챙겨 풍선처럼 부푼 보따리
된장 고추장 고춧가루
납작해진 기대로 시큰둥 쳐다보는 눈동자
무엇을 가져갈까 궁리하는 약삭빠른 행동거지
"엄마 우리 집엔 꽃다발 없지?"
달라는 말보다 무서운 은유의 협박
미처 생각 못한 것 다 가져가는 깜찍이

교복을 입은 의젓한 소녀가 되어
할머니 생일선물이라고 내놓은 하얀 봉투
이거 오천만 원이야
그림엽서인 줄 알았는데

네 장의 지폐로
오천만 원이라고 보이게 접은
오자 천자 만자 원자
액면가 육만 육천 원짜리 주식
거래가 오천만 원
행복가 오억 원
할머니 집에서 착취해 간 예쁜 손
다 보상해 주는 기쁨의 주식

장롱 속에서 팝콘처럼 튀어나와
상큼한 향기 풍겨
오늘도 웃음겹다

야래향

양가집 뜰에 심어 논
9월에 피는 꽃

천둥 번개 비바람 어쩌지 못하고
이리 뽑히고 저리 차이고
장수에서 진주까지 파란 많은 고난의 보따리
여인네 옷고름 구름을 묶어 허리에 차고
억센 바람 가슴에 안고
터덕터덕 기대선 마지막 둥지도 깨진 항아리
담아 놓은 알곡은 새 모이가 되고

관아 뜰에 선 가뭇없는 그녀는
낮에는 다소곳이 고개 숙인 요조숙녀가 되고
밤이면 박꽃에 길을 묻고
달빛에 눈물 씻고

별들을 모아 나뭇가지에 주렁주렁 매달고
거문고에 향기 실어 사방에 날려 보냄은
뭇 사내 설레게 함이 아니요
오로지 왜장을 연회장에 불러내기 위함이니

꽃향기 밤에 취한 그를

양손에 쌍가락지 끼고 사랑인양 껴안고
의암에서 투신한 의기 논개

그가 남긴 재스민 야래향 꽃향기
비가와도 향기 잃지 않고
9월이면 찾아 온
애련한 마음

검은 보석함

참깨와 흑임자
멋 내기와 맛 내기
같은 일을 한다

통통한 건강미
영롱한 눈동자 흑진주 같은 흑임자

흰옷 입은 참깨 눈에는
자동차의 타이어
검정 고무신 같은 뉴욕의 슬럼가
동화하지 않으려는 듯

흑백이 함께 어울려 사는 세상
뱀처럼 허물 벗어 흰 속살 드러나게 하거나
백반병을 백신같이 투입하거나
물에 젖은 광목 되어 햇볕에 탈색되거나
유전공학으로 색의 변이를 일으키거나
짙은 연기로 백인이 흑인 되거나

피부 선택이 주어지는 세상
올 수 있을까

하늘의 별은 어두울 때 더욱 빛나고
밤의 커튼은 휴식의 축복
검정 보석함에 간직해 놓은 백옥 같은 우분투
손 비비며 굽신거리지 않고 함께 산다
겉 검고 속이 흰 흑임자
참맛 내는 참깨다

※우분투 : 아프리카의 전통적 사상. 타인과 내가 얽혀 있다는 유대감, 타인을 돕는 자비심, 열린 마음으로 타인을 인정하는 관용정신 등을 의미함

2부 하늘에 닿는 마음

미래보고서 (1)

똑똑하다고 됨됨이가 남다르다고
일본 유학 보냈더니
노름꾼에 술주정뱅이로 동네방네 소문내고
손가락질 받고
문전옥답 팔아 독립자금 만들어 일본순사 눈 피한 줄 서기

물세례로 서울을 초토화 하겠다는 금강산 댐
코 묻은 돈까지 줄을 선 성금
평화의 댐을 쌓고

극복해야 할 금융 위기
아기 돌 반지까지 줄을 선 금 모으기

모래알처럼 결속력이 없는 듯하나
위기 앞에서 분출하는 시멘트
더욱더 단단하게 응집하여 콘크리트가 되는

가난에 지친 꽝꽝 언 마음 봄볕 그리워
견디다 못한 균열
봇물 터지듯 밀려 올 북한동포

누가 거둘 것인가

디아스포라가 되게 할 수 없는 내 형제
한손은 평화를 위해 방패를
한손은 이들을 담아 놓을 통일의 댐
참 사랑이 찰랑찰랑 넘치도록
또 다시 줄서기를 하자
2025년 봄맞이를 그렇게 준비하자

미래보고서 (2)

평화공존주식회사가 주관하고
전쟁방지대책위원회가 후원하는 박람회
한국어가 세계 공통어가 된 현수막이
주저리주저리 하고 싶은 말을 참고 있다

주제는 참사랑을 찾아서
나를 자랑하고 너를 칭찬한다

각 부스를 지키는 예사롭지 않은 복장
눈과 손만 내어 놓은 부르카를 입은 여인
삭발한 스님
모자와 오버코트를 입은 랍비도
스카프를 한 수녀도 치마저고리를 입은 정녀도
복장이 각각의 말을 하고
진리 찾아 나선 시선을 모으고 있다

종교의 옷을 벗으면 우리는 한 이웃이기에
희망이 있다

신을 찾아 나선 길목
많은 질문이 깔려있다
어느 길을 택해 가냐고

그와 당신과는 주종관계인가 부자관계인가
진리 찾아 나선 사람들이 부스마다 기웃댄다

공존하고 번영하자는 참사랑 운동
꼭 이루어야 할 박람회

백자단 꽃

우레 치며 하늘 향해 분탕질해도
태양은 옛 모습 그대로
모다깃비에 밀려온 홍수
바다를 물들이지 못하듯
총칼로 붉게 물들이겠다는 소나기의 꿈
헛손질은 이제 그만

이 민족의 분단의 십자가(+)는
덧셈(+)으로 해결하라는 신의 천명
저어하지 말고 은밀하게
주고 또 주고 잊어버리고
마음을 촉촉이 녹여보자

4.19 혁명의 도화선이 됐던
3.8 민주 의거
그 의분심 또 다시 불을 당겨
강팍하게 녹슨 3.8선 녹여내어
공생 공영 공의로 번영하는 나라 골조 만들고
제5유엔사무국 불러들여
평화를 지키는 주춧돌 놓아
안쓰러운 북한 형제
애정 표 보자기로 살포시 감싸 안자
※ 백자단 꽃말 : 통일

앨버트로스 새

속이 텅 비어야 날 수 있는 애드벌룬
바람과 맞섬의 원색의 유희
기류를 알려주는 너는
비상을 준비하는 그에게는 나침판이 된다

갯벌에 잠시 숨을 고르는 동안
다리에 피를 빠는 거머리
달콤한 꿀을 바르면 무너질 거면서

날개가 있어도 날지 못하는 펭귄이면
뒤뚱뒤뚱 얼음 위나 걸을 일이지
중국식 공갈빵 같은 허세의 성
밟힐까봐 조바심 담아놓고 웬 잡새 소리는

아랑곳 하지 않는 다짐
침묵을 걷어내고 날개를 활짝 펴라
오대양 육대주를 주름잡고 햇귀처럼 뻗어나가라
암탉이 나래 아래 품음같이 지구별을 품으라

아버지의 집

아버지의 집에 다녀왔습니다
하늘에 맞닿은 고슴도치 같은 초록 지붕
세상을 관조한 언어들이 삐죽삐죽 돋아나
하고 싶은 말씀이 생생합니다

두루마리 같은 사연 써 놓은 잿빛 하늘이
먹물되어 떨어집니다

더 사셔야 했는데
애잔한 마음이 차꼬를 찬 듯 그냥 서 있습니다
개밥바라기별이 자꾸만 등을 떠밀어 냅니다

그의 구도의 길
안개 속에 갇혀
예수가 바알세불 들린 자의 아들인 것처럼
성 추행범으로 탈세자로 세상을 미혹케 하는 자로
덧씌워졌습니다

안개 걷힌 어느 날
그림자 없는 정오의 삶을 산 것이
거울을 보듯 환하게 드러나네요
위하여 살라는 징소리가

뼛속깊이 파고들어
수육(受肉)된 울림으로 남습니다
아버지를 기쁘게 하고 싶은데
나는 오늘도 염려의 대상이 됩니다

※ 차꼬 : 죄인의 두 발을 넣고 자물쇠를 채우게 한 옛 형구

물 긷기

무릎 나온 바지에 슬리퍼 끌고
새집 진 머리에 눈치 보지 않는 육일 동안
칠일째 아침이 되면
부끄러움을 분단장으로 감싸 예를 갖추고
왼손엔 두레박
오른손에는 생명수가 있다는 안내 책자를 들고
시내버스에 오른다

똑같은 모습인데 내리는 곳은 다 다르다
어떤 분은 정화수 있는 곳으로 가고
달콤한 감로수를 찾아 가는 분도 있고
세상을 정화하겠다고 정수한 물이 있는 곳으로 가기도 하고
토끼 멧돼지 누구에게나 값없이 주는
옹달샘 가는 분도 있더이다

오직 내가 먹는 물만이 생명수라고
항상 같은 물만 길어 가는데
믿음의 편린으로 보여요

물들이 흘러 바다에 닿으면
하나가 될 거면서요

숲속의 나무들은
가랑비도 이슬비도 작달비도 모다깃비도
다 받아들여 잘 어울려 살더이다

그분

세상을 구하러 오신다는 약속
언젠가는 만날 수 있다는 희망의 빛

앞서 가신 십자가의 고난
밟지 않게 하려고

장미꽃 터널 만들어
레드카펫 펼쳐 놓고
팡파르 울리며 만백성이 도열하여 영접하리라

누구든지 믿으면 영생이요
행함이 없으면 소용없다 하시고
거듭나라 하시니
이는 나로 말미암이 아니요
그분께서 다시 낳아 주려 오심이니

옆집 아저씨나 오빠나 삼촌도 아니요
어머니 아버지로 오셔야 함이니

양친 부모로 모셔다가
영원무궁토록 살고지고 살고지이다
존귀영광 받으소서

꼬치구이

보이는 나와 보이지 않는 나는
한 집에 살아요
보이는 나는 운동도 하고 음식도 즐겨 먹어요
밥과 된장찌개 김치로 길든 입맛이
케밥 버거 피자 쌀국수 파스타 할랄 식빵도 먹어요
음식은 벽이 없어요

보이지 않는 마음은
진리의 꼬챙이에
기독교 이슬람교 힌두교 불교 유태교를 끼웠어요
성경 쿠란 베다 우파니샤드 불경 율법
같은 양념을 발라 숙성시켜 노릇노릇 구웠어요

유럽에서 태어났으면 기독교만 먹었겠지요
중동에서는 이슬람을
인도에서는 힌두교
태국에서는 불교
이스라엘에서 태어났으면 유태교만 먹었겠지요
내 것만이 최고라고 대물림하며
한 가지만 먹었겠지요

맛있게 익은 경전들을

골고루 하나씩 하나씩 빼먹으면 어떨까요

음식은 달라도 같은 맛을 내는 것은
해와 달 별 들이 하늘 아래 같은 모습으로 비추고
한 목소리를 내기 때문이지요
양념 맛 차이가 날 뿐인데
어찌 내 것만이 맛있다고 할 수 있을까요

신발

어려운 시절 어머니가 사준 신발
발은 시렸지만
내 갈 길로 데려다 줬다

길 따라 차근차근 가다보니
예쁜 꽃신도 신을 수 있었지

추수가 끝난 논바닥에 하얀 눈이
백설기처럼 덮여있어 밟아보고 싶다

돌아가지 말고 쉽게 가는 거야
질러 가 보는 거야
발자국은 계절이 바뀌면 흔적 없이 사라질 테니까
눈을 덮고 있는 주홍색 진흙에
발이 빠지고 말았다

씻어지지 않는 오점
주홍글씨처럼 남아 있을 줄이야

길이 아니면 가지 말아야 했어

하느님의 아들

삼천교 다리 밑 철새 한 마리
봄소식 들고 와서는
억새의 새품 따라 날아가는 죽지 잘린 새

굿거리장단이 시냇물 사이로 지나가면
나비들이 어깨가 들썩 들썩
하천을 누렇게 물들이는 금계국이 손뼉 치며 장단 맞춘다
젊은이들은 발 냄새 땀 냄새로 지축을 울리며
풍경화 그리며 지나간다

세상에서 가장 큰 침대를 가진 그가
다리를 이불 삼고 돌멩이 베개 삼아 새우잠 자면
모기떼는 동침을 청하며 품속으로 파고드는 밤
눈 뜨면 모이 걱정하는데

전단지 놓고 가는 성직자
"너희가 하느님의 성전임을 알지 못하느뇨"
"나는 포도나무요 너희는 가지라"
예수가 하느님을 아버지라 부르니
포도나무 가지된 당신도 하느님의 아들이란다.

그에게는 동전 한 닢만도 못한 경전이 하천 따라 떠내려간다

성도 이름도 모를 그 철새
거지라고도 하고 낭인이라고도 하고

고양이의 출산

축 늘어진 배를 안고
어슬렁어슬렁
냄새 나는 쓰레기 더미 뒤지는 고양이

스산한 바람
눈을 몰고 와 곳곳에 추위를 쌓아 놓는다
움츠린 냉기
눈치로 마련한 후미진 헛간
거적때기 하나 없는 촉박해진 산통
흙먼지 이불 위에 배고픈 해산을 한다

베들레헴 이 거리 저 거리를 기웃대고
산월도 말 못한 안타까운 여인
아픈 배 부여잡고
버려진 마굿간 찾아들던 숨 가쁜 출산
먹다 남은 여물 더미 보료 삼아 추위로 담을 치고
하늘을 보호막 삼은
성자의 아픈 탄생처럼
이 겨울이 아픈 어미 고양이

편식

삼척동자도 다 아는 이야기
골고루 먹어라 영양실조 될라

몸을 위해 좋다는 것 다 찾아먹었어요
보약도 먹고 특별식도 해요
그 사람은 아프리카에 가서 악어 고기도 먹었어요
고래 고기도 먹고
한 조각의 세포 속에 기억으로 남았겠지요

고기나 생선을 먹지 않는다면 단백질이 결핍 되겠죠
과일이나 채소를 안 먹는다면
비타민 무기질 결핍으로
각기병이나 구루병에 걸리겠지요

마음은 지식과 종교를 먹어요
특정 종교만 먹으면
다른 종교가 주는 영양소는
결핍되거나 편집증에 걸리지 않을까요

육신을 위해 골고루 먹듯
진리를 골고루 먹어보면
풍성한 마음 너그러운 마음 집이 될 수 있을까요

그 틈새로 부스럭거리는 비닐봉지가
그 우유를 감싼다
10원짜리 동전 한 닢만도 못한
길거리에 굴러다니는 하찮은 비닐봉지

그에게는 지금
황금 날개보다 귀하다

십 원보다 못하지만

하교와 퇴근 시간이 겹친 오후
발과 손이 사선으로 서 있는 시내버스 안
거북이 경주하는 도로
사람들을 냉큼 삼켜버린 급한 발걸음을
신호 대기가 묶어 놓고 있다

생각을 마비시킨 우유
당황한 학생 손에서
한 방울 한 방울 수액처럼 떨어져
바닥을 화판 삼아 지도를 그리고 있다

시선을 차창 밖으로 꽂아 놓은 침묵
그 틈새로 부스럭거리는 비닐봉지가
그 우유를 감싼다
10원짜리 동전 한 닢만도 못한
길거리에 굴러다니는 하찮은 비닐봉지

그에게는 지금
황금 날개보다 귀하다

발왕산 케이블 카

축지법을 써 우듬지를 밟고
성큼성큼 오르니 별천지가 펼쳐진다
땅에 비 뿌릴 때 백설을 쌓아 놓은 곳
하늘의 메시지를 받을 수 있는 성별된 땅

나는 없고 너만 있는
주고 잊어버리고 또 주는
다 네 것인 양 채우지 않는 곳간
기진한 시간 속에 기다리고 참아 온 소원
동바리가 되겠다는 마유목

산꼭대기에서 발원한 생의 푯대
위하여 사는 설계도를 그리는 젊은이
네 부모도 내 부모처럼 모시는 마가목
그녀와 같은 곳 바라봄이 접붙임 됐네

죽었다는 이름을 가졌으나
몇 천 년 살아있는 예수나 석가 같은 분
불사조의 왕을 기다려 왔다

황금 같이 변치 않는 사랑의 잣대
자연의 순리 따라 위하여 익은 열매

바른(正) 아버지(父)

마유목과 마가목
더불어 살 세상의 빛
어두운 곳에서 휘영청 밝다
하나로 우러른 효정의 심정
울림이 된 마음에 아로새길 뜻

옳은 것과 그렇지 않은 것의 부딪힘 속으로
평정을 이루려 바쁜 맘 싣고 간다.

※발왕산 : 강원도 평창의 왕이 난다는 산
마유목 : 하나의 몸통에서 야광목이 상생하는 나무

3부 회향

나는 어디 가고

일할 때나 쉴 때 마냥 편하고
부담이 없이
모든 허물 감싸주는
얼룩무늬 몸뻬 바지

억울하고 분한 넋두리
다 흡수해 버리는 스펀지
메아리도 떠들지 않는 오직 내 편

환삼 잎 같은 손
물갈퀴 휘젓는 수영 선수
마를 날이 없는 젖은 손

우리 팔남매를 위한 지친 화수분
가뭄에 단비 되어 언제나 적셔 주었지
뱀 허물처럼 껍질만 남은 육신
두 눈 부릅뜨고 동구에 서 있는 지하 여장군

이 나이 되어도
철부지로 염려하고 있는 당신
어느 날 갑자기
거울 속에 나는 어디 가고
어머니가 있었습니다

검정 이불

광목에 검정 물들여
빨강 끝동 단 이불
형제들의 발들이 나란히 줄 서서
하루를 속삭이는 대화가 곤히 잠든 밤

켜켜이 개놓은 맨 아래 쪽에 자리 잡은
어머니의 비자금
이불을 펴지 않고 조용히 잠이 들고
집 나간 아들 기다리는 밥을
앙구는 아랫목 이불

무릎 맞대고 가위 바위 보
이마 치기로 큰 소리 냈던 놀이랑
실뜨기로 형제들의 마음을 묶어 놓았던 발 모음

가족들이 엄마의 품인 양
파고들었던 검정 이불
때 묻은 그 겨울의 발 냄새가 그리워지네

곶감

저 깊은 산골
햇볕이라고는 반나절 들까 말까한 동네
가난을 덧댄
조랑조랑 형제들만 사는 고욤나무집
상주로 시집 간 딸
과거의 비루한 모습은
바닷가 모래사장에 묻혀
파도소리가 기억마저 씻어가고

까칠한 모습
나뭇가지 꼭대기에 올라 앉아
뭇 사람이 올려다 볼 뿐
감히 접근 못하더라

환골탈태
격조 높은 주름 홍조 띤 얼굴에 분 바르고
신분 상승한 그녀
양가 집 귀한 몸 되니라

나도 저렇게 고고한
노후가 될 수 있을까

산울림

겨울 동안 흰 눈에 물든
유백색 얼굴
봄볕에 암갈색 되어
밭고랑에 곡괭이 질하는 기역(ㄱ)자 모습으로
호미 들고 쪼그린 이응(ㅇ)자 모습으로 빚어낸 추수
아낌없이 털어
서울 유학 보내 놓고
편지 한 통 없는 무정한 자식에게
글씨 모르면 학우에게 대필해
소식 전하라 하시나
농담으로 흘려 보냈네

전화 한 통 없는 무심한 아들
"전화하려고 했는데요"
어미의 유전자 싹이 되어
단답형 대답만 돌아오네

40년 전의 내 모습이 산울림 되어
지금 도착했네

그리움을 고단함으로 달랬을 아버지
죄송해요
이제야 하늘나라로 편지를 씁니다

속울음

주렁주렁 이야기 매달고 있는 느티나무
틈새마다 새들이 찰랑찰랑 소리 엮는다

우듬지에 앉은 직박구리새가 잔소리하면
멍청해진 귀를 물에 씻는다

멋쟁이 팔색조 남편
솔솔이 뜯었다 꿰맸다 반복하는
명주 바지저고리
오 일 동안 다음 장날 준비해 주면
호이잇 호이잇 퉁소 소리처럼 콧노래 부르는 철없는 하나님
어머니의 골무는 속울음 운다

씨족들이 찾아온 십 오리 길
점심상에 둘러 앉아 허기진 배 달래주면
힘겨웠던 햇살이 허리를 편다

딱따구리 쪼아대도 바람이 불어와도
스펀지처럼 흡수해 아무 일 없었던 듯
항상 푸르고 싶었던 느티나무

톱니바퀴 잎사귀로 세월의 덫을 톱질하다 지쳐

누렇게 물들어
숨어있던 어머니의 못 자국이
점박이처럼 찍힌 가을이 내려앉는다

아버지의 놀이기구

삽과 괭이가 동면을 하는 동안
하얗게 물든 논밭에
까치 발자국 따라 뒷짐 지고 나선 아버지
눈빛에 반사된 백옥 같은 얼굴

정월 보름 지나
밭고랑에 나갈 채비를 하는 농기구
여덟 숟가락 별채에 담은 지게가 밭으로 간다

삽질을 몇 만 번을 해야
숟가락질을 할 수 있을까

아버지의 삽이 퍼 담은 밥그릇
송얼송얼 땀방울이 맺혀있다

여름 동안 땀범벅이 된 흙
얼굴이 물든다
겨울이면 탈색되어 흰색이건만
계절을 넘어 더욱 희어만 가는 머리카락

아버지 지게 내려놓은 예별의 순간
별뉘처럼 비친

아버지의 땀방울의 무게가
형제들 가슴에 저며든다

아픈 손가락

가난에 지친 한 끼 밥그릇
채우기에 급급했던 빈 주걱
가족의 마음 헤아릴 겨를도 없어

아비 없는 호로 자식
본디 없는 럭비공
소나무 껍질 같이 거칠어 만져지지 않는 본심
기차 화통 같이 쏟아내는 뿌연 화살
교과서에 없는 일반상식
자기가 만든 경으로 포장한 허울

한센병 환자 보듯 조현병 환자 보듯
피해 다니면 된다지만

어미는 가슴 조이며 조마조마
바로 걸을 수 없느냐고
어찌하여 그리 되었냐고

백발이 되었어도 먹구름 휘감긴 폭포수
빗물인지 어미의 눈물인지
홀어미의 자탄의 소리
폐부를 찌르는구나

탕자를 둔 성 어거스틴의 어머니처럼
기다리고 또 기도하더라

어머니의 금고털이

고추 열 근 살 돈 아홉 근 사고
쌀 한 말 살 돈 보리쌀 닷 되를 섞어 모은 돈
안 덮는 이불 속에
몇 년 동안 외출이 없는 것을 보면
어머니의 기억 보따리 밖에 있는 것으로 착각했다

두둑한 주머니 만지며
빗속을 도란도란 걷는 형제들
토란 잎 우산을 톡톡치는 작은 북소리도
정겹게 도착한 대둔산

광풍의 상륙작전이 시작된 그 밤
쏴아 쏴아 소리를 내지르며
나무의 머리채를 마구 흔들어 내동댕이치고
처마 끝에 매달린 비에 젖은 옷도 삼켜 버렸다.
회개의 물방울을 천장 거미줄에 방울방울 구슬처럼 매달고
뜬 눈으로 지새우는 밤

누구도 의심할 수 없기에
함구했을 어머니 비자금
몇 십 년이 지난 지금
어머니의 심장의 못자국이 이제야 보인다.

뒷설거지

그녀는 우리의 기획자이며
관리 감독자
요것 저것 정성으로 버무린 밥상
투정을 곁들인 식사 시간
짜증으로 답하는 소리 모음전
용변 보는 일과처럼
고마움이나 감사는 없다

현미경으로 팔남매 읽어내며
뒷설거지 책임자로 살아 온 그녀
"어머니!"라고 부르는 소리에
모든 것 용해된 미소를 짓네

얼굴에 길게 눌러 쓴 이력서
죽음의 그림자 달고도
못 다 갚은 채무자처럼
줄 것만 궁리하는 마지막 길
팔남매의 눈이 한 부모의 맘을 읽지 못했네

어머니의 밥상

아버지의 침상을 자유롭게 드나드는 그녀
아버지와 할머니 겸상을 차려 드리고

팔남매의 두레상 끝에 앉아
엉덩이 붙이지 않고 들락날락

어떤 물이든 다 받아들이는 바다처럼
8개의 콩알이 빠져나간
콩깍지 텅 빈 속을
싫증 섞인 찬밥이거나
으깨진 극젱이 밥이거나
가족의 찌꺼기를 넣은 비빔밥이거나
층층시하에 눌린 누룽지로 채우는 것은
밥 버리면 굶는 후손 나올까봐
단단한 지킴이가 되고자 하는 기도라

카스트 제도로 통치되는 소국
그녀는 저 아래 불가촉천민
항상 젖어있는 앞치마 자락은
손등에 묻은 소금기 섞인 물인지
손바닥을 닦은 물인지

회갑 때 모처럼 아버지 옆에 앉아
신분 상승한 흑백 사진 한 장 남겼네
아버지와 겸상 한번 받아보지 못하고
흙이 된 지금도 아버지 곁에 앉아
일 년에 한번 상 받으시는 우리 어머니

흰나비

새집에 갇혀 살던 새 한 마리
모처럼 외출을 했다
밤이슬 맞으면 안 된다는 엄한 가훈을
친구들의 수다가 눌러 앉아
무거워진 날개가 날아들지 못하고
그 밤에 정처 없이 떠나 버렸다

맹인처럼 더듬더듬 기대선 작은 언덕
가림막 삼고
돌아갈 엄두도 못내는 것은
소통의 다리 유실된 지 오래
가족의 뉘라고 생각한 탓인가

외등은 눈비 맞으며
불 밝힌 새장을 지키고
어미 새는 터미널에서 사람 속을 헤집고 있다
머리카락 세는 일 만큼이나 긴 하루하루를
액자 속에 묻고 말았다

엄마가 되고 보니
호랑이보다 무섭던 부모의 마음을 읽었는지

찾아간 고향 집
기다려 주지 않고
학처럼 긴 목을 뺀 묘비석이 마중 나온다
흰나비 되어

밀물

주봉 바위틈 사이로 흘러
좁은 비탈길도 허방한 곳도 마다하지 않고 달려 온
섭렵의 여정
물의 연병장에 모여
어울려 살다 보면 잊을 법도 한데
고향산천 그리워
밀물되어
뭍으로 뭍으로 밀어 올리려다
그냥 돌아 섰다가
그러기를 숱한 세월
지쳐서 해무로 사라질 법도 한데
그래도 꿈 잃지 않았으니
네 마음 타고 찾아 왔노라고
시장 좌판에 누워
눈 감지 못하는 고등어가
하얀 물보라로 부서지는 꿈들을 내려놓는다
회향하는 연어처럼
관이라도 되어
돌아오고 싶다는 그리움의 노래

Herstory(그녀 이야기)

그이가 농사를 지으면 호미질하고
가난하면 죽을 끓이리라
봉양인들 못할까

열무김치와 돼지고기 찌개의 텃밭 사이로
팥죽과 자장면이 수시로 왔다 갔다
밥주걱이 쉴 틈이 없다는 무음의 반란
겹쳐지는 무거운 시간을 달래 주는데

염치를 모르는 부상당한 발을
명주 고름 같은 시어머니의 손길로 어루만지니
사랑의 고리로 무너지는
지난날의 고단함
회한의 눈물 되어
목발을 걷어낸다

* 시어머니와 며느리의 History가 아닌 Herstory.
  우리 세대가 마지막일 거라는 생각으로 썼다.

4부 보내는 마음

섬

성쇠의 역사를 잠재운
번뇌가 오가는 길목
덩그러니 떠 있는 외로운 섬
돌아오지 않는 먼 바다 출항을 준비하는 곳

아무나 갈 수 없는 순례의 길
사공의 지시 따라 허락 받는 통행증
지구국이 없는 불통지역
찬란한 역사는 베개 밑
말줄임표를 남긴 유배지
자기의 궤도가 끊긴지 오래 전
언어의 독백이 허공으로 사라질
쓰러져 가는 꽃잎
침묵의 종말
가까이 있으면서도 희미한 눈동자로
눈물 찍어 내는 호스피스 병동
후회의 언어로 환송하는 섬

거시기

초가을 풋대추 같은 그녀를
법으로 묶어 놓고 씨앗도 뿌려 놓고
어쩌지 못하는 강 건너 저 편으로
쪽배 타고 떠난 그 사람

그의 강가에서 세월을 주름 잡아 당겨 봐도
강물은 수십 장의 달력을 적시며
무심히 흘러
기다림 마저 쭈글쭈글 말린 대추가 되어 있을 때

방향을 잃은 목선
샛강 여울목에 발목 잡힌 돛대
찰랑대는 물소리 바보들의 합창

쓸모없는 폐선
거두어 온 지난 십삼 년
썩고 썩은 시간을
돌아오지 않는 강물에 띄워 보내는 날

고생하느니 잘 됐다는 한 목소리
장송곡이 할렐루야 찬송이 된다
겉으로는 얼마나 거시기 하냐는 이현령비현령에

어디에 마음 둘 바를 모르겠다고
조강지처 마음이 일렁인다

사랑인지 정인지 회한인지
그래도 남편이라 의지했는지

※ 바람난 남편 병들어 돌아 온 병간호 13년간

두 입술

태양의 나라인가
온 대지가 열병을 앓아
붉은 열꽃이 번져 땅을 긁적인다
목이 비틀린 나뭇가지 노랗게 헐떡이는 숨소리
타는 듯 냄새 풍기며
시들시들 할미꽃 밭이 되어간다

해열제를 구걸하는 상황
오로지 비가 내리는 것

처방전은 말도 많고 탈도 많고
임금님처럼 부덕의 소치라고
삼베옷 걸쳐 입고 하늘 향해 두손 모아 빌어야 한다느니
분분한 말들이 튀밥처럼 터져 나온다

인디언 기우제 지내듯
해넘이 되면
앞치마 두른 아낙들이
금산천 거슬러 올라 용머리 동네에
키에 물을 담아 까부르면서 비를 불렀다

우리 어머니 강 건너 이적하는 날

혹여 옷자락 젖을까 봐
강바닥 드러냈나요
그곳에 닿자마자 비가 내리니
온 국민의 합심 기도 덕분인가요

산천은 빗소리 요란해 장단 맞춰 춤을 춘다

어제는 기우제를 드리고
오늘은 삼일만 참아 달라고 기청제를 드린다

떠나간 숫자

열세 자리 숫자 가슴에 달고 수인인 양
걸어 온 살얼음 길을

귀하고 귀한 보석
무겁고 힘겨워도
홀로 이고지고 비척이며 걸어 온 길
눈보라 마다할 수 있었겠는가
태풍도 맞서 살아 온 망백의 생애

혹시라도 짐을 놓칠까 상처 입을까 굶길까
전전긍긍했던 그 혹독한 겨울
이제 다 지나갔으니

춥지도 덥지도 않은 이 만가을에
들판의 풍성한 누런 알곡들이
소천해서 떠나는 길 손 흔들어 줍니다

땀에 찌든 적삼
신발이 다 닳도록 다녔던
발고랑에 묻고 가시옵소서

당신이 가꾸어 놓은

야무진 여섯 열매가
당신 가시는 길 위에
국화꽃 뿌려 놓습니다

손에 쥐고 있던 열한 숫자도
지우고 있습니다.
숫자 없는 세상에서 영생 복락 누리소서

은하수

나는 없고 너를 위해 산 그대
나라 지켜 총칼에 산화하시니
별들이 모여 사는 은하수 마을 현충원에서
낮에는 초록 옷 걸쳐 입고 예비군 되고
밤이 되면 울먹울먹 빛이 되네

육이오 참전하여
살아남아 부끄럽다 하시며
앞서 간 전우 위해
백두산 정상에 태극기 꽂고
백두산 천지 물 떠다 차례 지내 주리라
다짐했건만
의기충천했던 검은 머리
흰 머리카락 되어 옷을 벗으니
전우 곁에 차마 가지 못해
피맺힌 훈장도 내려놓고
진토 된 백골
흙먼지 되어서라도 북에 가고파
북쪽 향해 뿌려 달라 당부하시고
통일의 염원 젊은 피에 부탁하니라
숨어 우는 별이 된 삼촌
은하수 저 편 천성길 가네

눈물의 맛

바닷가의 자갈돌 하나
눈을 부라린 붉은 눈동자를 피해
먼 바다 바위틈에 숨어 버렸다
지나가는 돛단배가 어설픈 기타를 치고
하늘을 그리는 갈매기가 고기잡이 어부가 되는 바다
그가 친구가 된다

떠나간 그녀를 찾지 않겠다는 소문이
바다에 물보라처럼 떠돌아다닌다

동네 어구에 기다리는 독수리 같은 매발톱
알아채지 못한 귀향길
그의 족쇄가 될 줄이야

모난 돌 정으로 깨부수고 다듬는 석공이었나
끊임없는 닦달
얼마를 파도에 시달려야
몽돌이 될 수 있을까

녹슨 상처로 얼룩진 시간
감당하기 어려워도 가긴 가나보다
폭군인지 남편인지 그 연단의 손이
세상을 포기했을 때

표정 없는 둥근 돌멩이 눈물범벅이 됐다
해방감에 달콤 짭조름한 환희의 맛이었나
그렇게 산 것도 정이라고
시큼 짭조름한 맛의 눈물이었나

가시나

이 가시나야
만나면 욕부터 하는 친구
공기놀이 하며 했던 말
지금도 유효한데

앞서야만 속이 편한 성질머리 때문이더냐
친구들한테 절 받고 싶어서였더냐
아카시아 꽃향기가 지천인데
국화꽃 향기가 더 좋았더냐

요점 없는 꼬인 혀
비틀거리는 언어로
우리 꼭 추어탕 먹으러 가자고 다짐해 놓고
걸어 들어간 병원 문
나무 코트 걸쳐 입고 누워서 나오는
약속 안 지키는 나쁜 가시나

상복 입은 구름들이 마중 나와 눈물 떨구니
굶주린 대지가 목을 축이는데
이 가슴은 멍이 든다
내 마음 삼켜버린 빗방울이
추어탕 집 간판에는 방울방울
맺혀 떨어지고 있다

마모된 열쇠

단체복을 입은 몇몇 그룹이 각각 분주하다
전혀 알지 못하는데 같은 옷을 입고
하늘에 매달린 생명줄을 달고
의지를 반납하고
천장만 바라보며
농축된 생의 발자국이 끌려 다닌다

가는 길 위에 잠시 쉬어가는 휴게소였던 것이
필수가 되어
그곳에 기대서서 신처럼 의지(依支)를 한다

먹구름에 휩싸여 있던 것이
머큐로크롬 바르면 하얀 뭉게구름이 되어
힘차게 세상 밖으로 내딛는다

마모된 열쇠를 반납한
홑이불이 세상에 난 모든 눈을 덮어 버린다
뭇 생명이 갈림길에 서성이는 곳
살아 온 찌꺼기를 설거지하며
돌아 올 것과 돌아오지 못하는 것을
정리해 준다

푸른 낙엽

숭고한 바람의 근원지 미국 영국
윤색된 뭉게구름 싣고
우유니 사막을 지나
한국에 상륙했는지
광풍으로 돌변해 메가톤급 소금비를
하늘이 무너진 듯
이태원 골짜기에 갑자기 쏟아 붓는다

마냥 푸르기만 한 나무들이
넋을 잃고 쓰러져
소금 기둥이 되니
온 세상이 뜨거운 바닷물로
눈가에 질척인다

노란 은행잎 밟고 지나가는
멋진 핼러윈데이
성인 흠모 만성절 전야
장송곡이 연주되는
붉게 물들어 보지 못한 푸른 낙엽

하얀 고무신-1

어느 한적한 마을 끝자락
하늘만이 번지수를 아는 집
사립문 활짝 열어 놓으면
바람만 간간이 방문을 노크하고
주인 허락도 없이 온종일 햇볕만 놀다 가는 집

80이 넘는 할머니 밭고랑에 앉아
묵은 세월 캐내면
뿌리 잘린 잡초들이 눈 흘기며 기죽는 오후

호미 들고 돌아온 더위에 지친 할머니를
표정 없이 쳐다보는 그이

산으로 이사 간 매정한 할아버지
검은 고무신과 장화는 신고 갔는지
유일하게 남아
남편의 도리를 하는 하얀 고무신

하얀 고무신-2

떠나갈 어머니 신고 가라고
대문 앞 사잣밥 옆에 놓인 하얀 고무신

뒤돌아 볼 겨를도 없이
황급히 하늘에 오르다
벗겨진 신발 한 짝
낮달 되어 어머니 가신 날에
떠오르는 쪽배 같은 신발
국화 향기가 눈물 머금고 그렁그렁한다

깨금발로 가는 길 힘들까 봐
남아 있는 가족 낮달 한번 보고
무덤 한 번 어루만져 보고
두 손 모은다.

연극제

그날그날 사용해야 할
비바람 구름 파란 달 별 햇볕 같은 소품들이
배경 음악처럼 방문 앞에 놓여있다

바지저고리 입고 짚신이나 나막신을
고무신으로 갈아 신더니
구두도 신고 넥타이와 양복도 입는
새 물결이 분장을 바꾸고

부엌에는 청솔가지나 왕겨 때서 밥 짓고
솥뚜껑 속에는
밤하늘의 별처럼 보리밥 사이에 알 박힌 쌀알 몇 개
도시락 싸 체면치레

절약의 미덕으로 마련한 집
어엿이 이름표 달아
궁궐이 부럽지 않았던 그 대문 집

감격했던 시간들이 녹슬어 갈 때
아버지의 무대는 삐걱대더니
공연 끝 커튼이 내려졌다

주인공이 바뀐 몇 해가 지나도록
푸석한 문패가
먼 산만 끄먹끄먹 바라볼 뿐

옛집

아장아장 걷던 시간 속에서
각 권의 일기장
여덟 권을 점검했던 부모님이 계셨던 곳

인삼이 들락날락 여름이 가고
동네 아낙네 소쿠리에 인삼 향기 담아 놓으면
별들이 보초를 서고
마당 가득 일광욕을 하던 그 집
매끈해진 인삼

가족들이 다 떠난 그 자리에
혹시라도 흘리고 간 사랑의 그림자가 있을까봐
드려다 본 머쓱한 마음
애틋한 잔영마저 쓸고 간
낯선 잔디와 작은 꽃들이 오수를 즐기고 있네

언젠가 부터 세월이 걱석거리며 걸어 온 것 같은데
축지법을 쓴 시간의 두 짝의 대문
덕지덕지 겹쳐진 페인트 자국으로
드나들던 발냄새를 기억하는지 나를 붙들고 있다
아쉬운 마음
대문 고리에 손자국만 걸어 놓고 왔다

투병

세렝게티의 탁 트인 초원
평온해 보이는 일상
톰슨가젤 일런드 영양 얼룩말 선한 눈동자
종족끼리 무리지어 풀을 뜯고 있다

낮잠에서 깨어난 배고픈 사자
어슬렁어슬렁 초점 모아 잠복 중

야들야들 반짝이는 바람 따라 춤추는 기름진 나뭇잎
먹음직도 하고 보암직하다
암에 걸려 정신 팔린 철없는 톰슨가젤
잠시의 이탈을 눈여겨본 그놈의 표적이 됐다

안타까워하는 가족들의 마음을 짓밟는
추격전이 벌어졌다
사자의 날카로운 발톱을 피하기 위해
안간힘을 다해 지그재그로 달린다

오른쪽은 명의 찾아 병원으로 뛰고
왼쪽으로는 건강식품과 체력 단련으로 뛴다
사자의 이빨을 빼 버릴 발치제 개발 중이다
암의 추격전은 머지않아 끝이 난다

페스트나 천연두 소아마비처럼 사라지거나
감기나 바람처럼 그냥 스쳐갈 뿐
절대 강자는 없다

떠나간 칙칙폭폭

대전역 앞
머리에 이고 진 모습은
칙칙폭폭 소리를 삼키고
흑백 사진 속으로 사라진지 오래

시간의 눈치를 보며
희비의 쌍곡선을 감춘 창구는
검표원도 양심에 맡기고는 꼬리를 감췄다

젊은이는 꿈 마중 일 마중
앞으로 올 일로 발걸음이 분주하다

어떤 늘어진 시간은
여인네 옷자락으로 계절과 유행을 점치고 있다

움츠린 늙은 개구리의 봄
겨울옷을 벗어 던지고
할 일 없는 긴 하루를
태양 빛 모아 놓은 역 앞 광장에서
개골개골 빛을 동냥하고 있다

오는 인생은 보지 못하고

해넘이 뒷모습만 바라보고
머지않아 떠나갈 텅 빈 그릇
거기에 담겨 있는 석양이 애처롭다

5부 계절의 소리

가을 리듬

뻐꾸기 소리 싱숭생숭
좌우로 손 흔드는 등 굽은 그 사람
전진한다는 것이 뒷걸음질

푸른 도열
병사들 사이로
삽 든 지휘관 경호차 대신 장화 신고
땀방울로 물을 대면
오선지 위에 누런 음표들이
바람 따라 곡조 따라 서걱대고

허수아비와 작전 모의
참새들 눈총 맞고 저 멀리 서성이네

산통이 시작되는 가을 날
알레그로, 비바체, 프레스토
하늘로 날아가는 높은 음

황금 낱알 같은 양수 쏟아내더니
하얀 공룡알 낳는 풍요의 리듬 소리

참새는 그제야 논바닥 청소하고

젖소는 입맛 다시고는
염치를 아는지
우유를 슬그머니 내어 놓는
공생의 박자

숨죽은 겨울을 위한 자연의 방생

억새

시선 집중
화려한 화초들
10일 간의 꿈 키우려고 왁자지껄한 틈 사이로
궁색한 비 맞으며
존재감도 없이 먼 산 절경 바라보는
속빈 허한 허리
오징어처럼 납작한 생
강렬한 열 품어내던 태양도 지쳐 숨 돌리는 계절
산들 바람이 가을을 한 짐 부려 놓고 나면
우리들 세상이 활짝 열린다
순리의 리듬 따라 엮어지는 유창한 악장
한곳을 향한 비단 도포자락
바람의 지휘 따라 한몸 된 춤
백발노인들 머리카락 사이에 낀 허무의 깃털 날려 보내고
은빛 파도로 어울어진 욕망의 날개 퍼덕이니
억새꽃 무희의 춤사위가 더욱 도드라져
만추를 향한 공연, 장관을 이루네

초록에 지친 산야를 뒤로 하며
익어가는 인생
저 파란 하늘같이 구름 한 점 없이
더 높고 깊게 여물어진다

겨울 산사

갈맷빛 나무들이 하늘 우러러
잉걸처럼 타오르다 지친 붉은 나뭇잎
허랑한 맘 접고 계절의 종지부를 찍는다
마음을 묶은 도반 가람에 들고 싶어
산사 앞뜰에서 불경 소리 엿듣는다

스산한 바람이 울타리를 쳐 놓은
인적이 끊긴 깊은 산속
풍경이 된 연목어
수도승이라도 되는지
바람의 곡조 따라 외우는 법문
허방다리에 묻는다

바위 곁에 기대선 배고픈 짐승들이 움츠린 등
흘리고 간 햇볕 끌어안고
앙잘거리는 산새들과
윤회의 봄을 기다린다

추위에 떨고 있는 까칠한 바람
수걱수걱 걷는 스님의 옷자락 사이로 파고들어
훈풍이 되고 싶단다

삶의 욕심 털어버린 나무들이
마지막 남은 삭정이를 덜어내지 못한 아쉬움
번뇌의 늪을 염불소리로 닦으며
떠나는 잎새마다 법문을 적어 보낸다

화분의 넋두리

햇볕이 어머니처럼
봄이 되면 연둣빛 옷을 짓고
가을엔 붉은 옷 챙겨주고
바람을 불러들여 무도회 열어주면
매스 게임을 즐긴다

벌 나비 찾아와 속닥속닥
옆 동네 시집 장가가는 이야기 놓고 가고

겨울 동안 눈보라에 가지 꺾일까 봐
내공을 쌓자고 대책회의 하는 화단

먹고 사는 일이나
눈이 오나 강풍이 불어도
그것은 창밖의 딴 나라 이야기
벌레들도 접근하지 못하는 공간
부족한 것 없이 살면서 넋두리하는 화분

마음대로 발 뻗지 못하는
앉은뱅이 신세
교도소 수감자가 따로 있나
밖으로 출소하고 싶다고
나는 네가 부러운데 너는 내가 부러우냐

나비의 외출

따사로운 햇살 초청장도 외면했다
살랑대는 봄바람 애교스런 부름도
코로나 방충망에 걸려
산행은 먼 나라 이야기

수통골 나들이
긴 겨울 벗어 던졌다

참기름 바른 연둣빛 나뭇잎
생긋생긋 숲 향기 뿜어댄다
태양을 머리에 이고 서 있는 저 높은 나무
그들의 바람막이로 피어난
이름 모를 보랏빛 아주 작은 꽃
발목 잡고 쉬어가라 하는
그도 숲속의 일원
그 산 정상 나무 인터뷰는
다른 나비 몫으로 남겨두라네

비료 한 톨 준 적 없는 몰염치
먼지만 털고 가는데
마냥 베풀기만 하는 넉넉한 숲
생생한 풍경화 싸들고 가라 하네

마지막 가을

짧아진 햇살을 핥고 있는 나뭇잎
가을을 헤집고 다니는 입을 크게 벌린 겨울 입김
술에 취한 듯 비척이며 자신을 가누지 못 하네

어떠한 풍우에도 잘 견디며
긴 그림자 드리워 행인의 땀을 닦아줬던
넉넉한 손길 걷으려고
노랗게 물든 마음 가다듬는다

청명한 하늘에 떠 있는 지고한 구름 한 조각
나무의 일대기를 조각하는 바람
좌로 서라 우를 봐라 손짓하며 빛을 띄우지만
영상처럼 잡힐 듯하다가
힘없이 떨어져 뒹군다

두루마리 같은 사연
길바닥에 뿌려 놓고
자박자박 속삭이는 입술이 바르르 떤다

알파와 오메가

산수유 생강나무
가지마다 노랗게 물들면
월담하는 개나리 트럼펫 소리 노랗다

짚시의 눈으로 지켜보는 그녀
초록 부채 펼쳐 들고는
여름을 날리며 안간힘을 다 쓰더니

수치로 익혀온 열매
냄새나는 역겨움도
다 떨쳐버리고 너그러움이 된 호시절
나도 노랗다고
사푼사푼 내려앉는다

행인의 발길 모아
수걱수걱 걷게 하니
자박자박 명상의 소리
헐거워진 사색의 창문 열어
자연이 주는 깨달음에 취하네

노란 꽃 계절의 첫 알림장으로 봄 맞더니
노란 잎으로 접는 가을

알파와 오메가
처음과 나중이라
잎마다 싸여있는 잠언 한 마디
책갈피에 끼워 넣네

입양

거침없이 옆으로 뻗어가는 너의 습성
대견해 보인다기 보다
위로 향해가는 친구들 사이에
눈총 받을까 봐 따돌림 당할까 봐
망설인 입양인데

내민 손잡고 아장아장 걸어
연둣빛 전구 매달고 대롱대롱 그네를 타네

모과처럼 못 생겼다고 소문이 나서
기대는 안 했는데
컴퍼스로 그려 놓은 보름달 같고
주름치마 갈아입은 고운 모습
햇볕도 만지작 바람도 만지작 만지작
들면서 보고 나면서 보고
지나가는 사람들도 담 너머로 흘금흘금
너 호박 맞아

코스모스

역사 속 별이 되어 하늘에 올라간 그들
밤하늘에 끄먹끄먹 반짝이다가
살던 고향땅
새소리 물소리 바람소리 햇볕 그리워

씨 뿌리는 바쁜 봄은 눈치 보이고
땀에 젖은 적삼 걸친 모기
환영 나올 여름 지나
배불리 먹은 참새들이 풍년가를 부르는
9월이면 찾아온다

우주 공간에 떠 있는 은하수 고향 방문단
분홍색 흰색 적색 명찰 가슴에 달고
열손가락 활짝 펼쳐 들고
황금 카펫 펼쳐 놓은
들판 사이 길로 걸어온다

930억 광년에 점 하나같은 지구별
물이 있어 생명체가 살고 있기에
모든 별들이 와 보고 싶은 이곳을

코스모스 고적대 앞세운 퍼레이드

바람에 악장 허수아비 헛손질도 추임새 되는
넉넉한 환희의 연주
풍년을 부추기려
기쁨을 증폭시키고 싶어 찾아온다

논두렁 풍경

뻐꾸기 소리 들리면
싱숭생숭 들뜬 마음
밀짚모자 눌러 쓴
기역자가 된 그 사람
좌로 갔다 우로 갔다 하는
손놀림
전진한다는 것이 뒷걸음질 친다

삽 들고 논두렁 사이를
왔다 갔다
허수아비와 밀어를
속삭이는 모습이
수상쩍다

산통이 시작되는 가을날
큰소리 내지르며
양수 같은 낟알을 떨어뜨리더니
엄청 큰 하얀 공룡알을 낳는다
참새와 나는 양수를 주워 먹고
젖소는 그 큰 알을
겨울 동안 먹어 치우고는
염치를 아는지
슬그머니 우유를 내 놓는다

질경이

시대를 탓해야 하나
나라의 운명을 탓해야 하나
군화에 짓밟혀도
나를 지켜 줄 피붙이의 눈물도 함께 밟히니
누가 지켜 주랴
붙잡고 일어날 지푸라기 하나 없는데
바람은 왜 그리 거센지 눈물마저 걷어 가고
모진 세월 멍 자국만 쌓여 있네
길가의 잡초들도 하늘 향해 자라건만
이 내 신세는 땅에 붙어 하늘만 쳐다보고
큰 울타리가 지켜주기를 기다리는 처지라오
평범한 아낙 되어 한 지아비 섬기며 살고 싶었건만
전쟁의 노예 되어 위안부가 된 것도 수치스러운데
매춘부라 왜곡하니
이런 악랄함이 어디 있나
사과할 줄 모르는 저 망동
세계를 짓밟은 저 군화를
영멸의 늪에 던져 주오
다시는 신지 못하게

스토커

밥 짓고 빨래하고 아기 보고
내세울 것 없는 평범한 나
가족들도 관심 없는 귀갓길

가로등 그늘 아래 숨어 있다가
기다렸다는 듯
마중 나오는 너의 두 팔

고맙다고 해야 하나

등불 아래서는 쥐 죽은 듯
숨소리도 잠재우고 있다가
잠자리에 들면
가냘픈 목소리로 소야곡 연습하는 줄 알았는데
공격하겠다는 선전포고
큰 도둑 흉내 내는 거니

내가 말했지
내 곁을 떠나라
고양이나 멍멍이한테 가 보라

그들은 털의 숲에 싸여 비집고 들어갈 틈이 없어

단백질을 구걸할 수 없다며
염치 체면 접어 두고 흡혈귀가 된 모기

당신 자식 위해 몸 바쳐 헌신하듯
우리도 종족 위해
어떤 피라도 훔쳐 달아날 수밖에 없다는 항변

가상타 해야 하나
빨간 인주 도장 찍고
인증 샷 날리고 떠나는 너

그것이 감사 인사냐

6부 삶의 언덕에서

파마국수

도로 한 가운데 느릿느릿 가는 전차
'라면'이란 낯선 큰 글씨를 달고 다닌다
장난감일까 먹는 것일까

흰 칼라 풀 먹어 자존심 세운
빳빳한 교복
입 다문 궁금증이 머뭇거린다

언제부터 점방에 수북이 쌓여 있는 저것
'm' 자와 'n'자 조합인 듯
스프링 늘어 놓은 것 같기도 하고
새끼줄 돌돌 말아 놓은 것 같기도 한데
끓여 먹는다 하네
눈이 휘둥그레진다

국수가 어머니처럼 파마를 했다
놀란 혀가 감탄사를 연발한다
오오 호 도 미 솔
우리 입맛 사로잡는 간편식

용기가 대단하다
비행기 타고 배 타고 맛 자랑 나가

휘둥그레진 눈 두근거리는 심장에게
고국에서 왔다고 악수를 청하는
파마국수 라면

김치 담그기

햇볕과 지기를 모아 놓은 초록이랑
바다를 헤엄쳐 온 천일염과의 만남이다

감칠맛과 깊은 맛을 내겠다는
야심 찬 도전
입소문 떠도는 맛내기 양념 아낌없이 넣었다
고추 빛 홍시도 넣어보고
밤하늘 별처럼 통깨로 맛깔나게 장식했다
빛깔만 그럴 듯

짜고 싱거움을 분별 못하는
눈금 흐린 늙은 염도계를 탓한다

그렇듯 담근 시
청자 빛 도자기에 담아 놓았건만
어설픈 미사여구 갈팡질팡
풋내만 나니
아무도 읽지 않아 속앓이를 한다

기적의 시간

님 보러가는 토요일 오후
시간을 주름잡아 빨리 달리고 싶은데
마을마다 쉬어가는 느림보 거북이 버스
오늘은 정지 없이 달리는데 곱지가 않다

참음의 한계를 넘는 생리적 고통
온몸이 주리를 튼다
체면을 가방에 접어 넣고 미친척 하고 싶다
진땀이 흐른다
산모 같은 촉박한 진통
간절한 기도를 한다

우왕좌왕 두런두런
차바퀴 하나가
저 혼자 앞서 달리고 있다
숨이 멎은 버스
출입문은 간이 화장실 문을 붙들고
일직선으로 서 있다
선회하는 태양빛은 왈츠를 추며 안도의 숨을 쉰다

우체통

춘하추동 사시절
요지부동 한 자리에
고개 숙여 절 받고
이 손 저 손 악수하고
폭식하며 도도하게
서 있던 당신

늙은 세월은 어쩔 수 없어
다 떠난 텅 빈 속
허허로움 달래며
지나가는 사람들
발자국 세고 있는
일자리 잃은 노인네

농산물시장

별빛의 가치를 인정하지 않는 전구들이
불을 밝히면
심장 뛰는 소리 요란하다

알아듣지 못하는 모국어를
주문처럼 외우면
숨겨 놓은 손가락 언어 수화로 대답하는 새벽

시간 독촉장이 발부된 현장
손수레가 필드하키를 하며 곡예를 부리면

좀처럼 속내를 보이지 않는 것과
처음과 끝이 같고 속과 겉이 같은 토마토와 더불어
모여 있어도 마찰 없는 너는 너, 나는 나
싱싱한 출발을 기다리고

윤기 잃어가는 시선
느림의 미학이란 겉치레 인사가
화병 나게 하는 현장

살아 숨 쉬는 냄새가 물씬 나는 곳

독재자

그의 지휘봉은 살인의 행진곡이다
무미 무취 무색한 독가스
히틀러의 대학살처럼
지구별 인원 감축이 시작됐다

노비가 그랬듯이
결혼이나 사유재산이 인정된다는 허울뿐
모든 국민은 집회 결사의 자유가 있다는 분칠한 언어
가족관계도 허용되지 않는 만남

가시덤불로 이끌어 온 생소한 길
곤비한 사람들이 허둥대는 징검다리

얼굴 마주 보고 술 한 잔 기울이는
평범한 일상이 그리워지게 하는 너
페스트나 천연두 소아마비처럼
사라질 악마의 버블

코로나 너
그 칼날 숫돌에 간다 해도
봄볕에 녹는 얼음덩이일 뿐이야

따끈따끈한 아이스크림

햇볕과 바람 빗물과 눈물의 노역
육천년의 융기의 역사
핍박에 쫓긴 피땀으로 파 놓은 지하도시

휘둥그런 눈동자
감탄사로 범벅이 된 단어가 참지 못하고 튀어 나온다

그 길 옆에 현대를 파는 포장마차
"따끈따끈한 아이스크림 사요"
우리를 사로잡는 한국말과
아리랑 연주

그들의 아름다운 언어로 된 카파도키아
따끈따끈한 맘을 섞은
형제애가 소복소복 담긴 아이스크림
더욱 달콤하고 시원한 튀르키예의 추억의 여름을 샀다

※카파도키아 : 튀르키예어로 '아름다운 언어'라는 뜻

병

어머니한테 받은 선물이 무엇인지 아나
눈도 뜨기 전에
입 맞추고 두 손으로 꼭 잡고
생을 출발하더군
내용물만 바꿔가면서

우유 담았던 것을 물도 담고 술도 담고
단맛 쓴맛도 담고

어쩌다가 또 다른 병에
화병인지 화염병인지 가지고 다니다가
젊은 용기로 힘껏 발로 차더군

늙기도 서러운데 찐득이 같은
커다란 병을 지니고 비척이더군
치고받고 씨름도 하면서
무례하게 동침도 요구하는데
내려놓지 못하고 왜 끼고 있는 거야
애증의 친구인가

식탁에는 꽃병 하나와
주식인지 부식인지 모를 약을
다 씻어줄 물병 하나면 족한데

보험 들고 싶다

서서히 찌그러지는 풍선
타이어처럼 빵빵하게 탄력을 넣어 줄
공기에게 보험 들고 싶다

먼지로 쌓여 있는 심장과
옷자락에 묻은 흙탕물 자국을 씻어 줄
물에게 보험 들고 싶다

내가 만든 미숙아 같은 오점
무차별 공격하는 화살
용서의 방탄조끼에게 보험 들고 싶다

어두운 밤길을 걸을 때
낮 동안 충전해 놓은 배터리로
불 밝힐 플래시에게 보험 들고 싶다

치매에 걸린 가치관
선과 악이 모호한 경계선에 서서
비척이는 나에게
푯대가 되어 줄 진리에게 보험 들고 싶다

긴 그림자 안고 괴로워하는 나에게

그림자 없애 줄 정오에 떠 있는
태양에게 보험 들고 싶다

오호라 나는 곤고한 자로다

열무김치

새콤하고 시원하고 칼칼한
여름을 풍미하는 열무김치
국수와 만나면 한결 격이 높아지네
배추김치 밀어내고 식탁의 왕자 노릇하더니
찬바람 소리에 움츠린 너

보호막 속에서 풍우 걱정 없이
초겨울 맞은 귀한 몸

물김치 담그려니
동치미가 버티고 있고
만지기만 해도 터질 것 같은 여린 모습
시래기에도 끼워주지 않고
이럴 수도 저럴 수도 없이 엉거주춤
어두운 밤길에 입은 드레스 같은 겨울 열무
겉절이를 해 봐도
맛내기 첨삭해 보니 빛깔만 그럴 듯
어벌쩡 풋내만 나네
구원투수 생강
맛을 잡아 주지만
계절 감각에 맞는 時를 알고 김치 담그고
맛깔스럽게 숙성한 詩같은 김치를 음미할 수 없으니
뒤꼍에서 여름을 기다리네

오분의 일

부모님의 말씀
너희들은 하나 되어 잘 살거라

일과 일을 더하면 둘이 되는데
어찌 하나가 될 수 있는지
같은 성분의 물이라면 한 컵에 담을 수 있겠지만
둘은 전혀 다르다고 생각했다
더하고 빼고 수많은 토닥거림 속에
공통분모를 찾았다

삭아진 시간들이
나를 꽉 채우고 있던 것들 중
아집과 허세 자기가 만든 공식
절대성을 강조하는 모순 덩어리
이럴 수는 없다고 불꽃이 튀었다
그런 것들을 도려내고 나누어 보니
나는 오분의 이 그도 오분의 이 둘을 합하니 오분의 사

헐렁해진 마음속에
부족한 듯 하나 여유가 있어
우리는 다른 사람 마음을 담을 수 있는
오분의 일의 공간을 만들었다

장갑

하얀 벙어리장갑 끼고 출발한 길
추운 겨울 어깨 펴고 걸으라고
웨딩의 순간에도 손의 허물 덮어주고
노동의 현장에도 지원군이 되어 주는
계속된 인연
언제쯤 장갑 벗을 날 있을까

길의 끝에 서 있을 때도
내복에서 장신구까지
통일체를 이룬 빛깔 속에
끼어 있는 너
엄숙한 울림을 주는데
자유선택 사항인 줄 알았는데
떠나는 어머니 아버지 손에도 끼어 있는
필수
처음과 끝이 같은 것이
너도 알파와 오메가인가

시장 학교

지류에서 내려오는 물 가두어 두었다가
필요에 따라 흘러 보내는 저수지
블랙홀처럼 빨아 들였다가 방사되는 분무기

방정식은 몰라도
정확한 셈본이 이루어지는 곳
주머니 속 가난을 뒤적이며
돈의 중매쟁이가 교환의 크기를 결정하는 곳

세상의 파고가 밀물과 썰물처럼
불확실성으로 요동쳐
심장의 피 흐름을 조절하는 곳

간택을 기다리는 처자처럼 곱게 치장하고
나 여기 있다고 뽐내는 옷걸이도
누락된 시간과 감각의 차이로
매대에 누워 손때만 묻히는 곳

육이오 동란이 놓고 간 그녀
가족 딸린 사내에게 몸 마음 팔아
그의 부인과 자녀까지
부양하며 첩년 소리 듣는 눈물 섞인 빵도 있었다

가난에 지친 냉이와 돌미나리도
덧셈을 위해 노점 귀퉁이에 앉아 있다

주렁주렁 달린 포도송이 같은 꿈
각양각색 교과서 펼쳐 놓고
오르기 위한 덧셈 공부 중이다

우리 집 며느리

집 안에 냉기류가 흐르면
보글보글 끓이던 된장찌개
부글부글 투덜투덜 끓여
시부모님 맘 상하게 했었는데

우리집 며느리는
조신하고 말 수 없고
거역할 줄 모르네

잡곡밥 먹고 싶다면 색동밥 짓고
된밥 먹고 싶다면
밥알 하나하나 세워 놓고

추운 겨울 언 손으로 돌아오면
모락모락 밥 냄새가 기다리네
농익은 신앙자처럼
참 편안하게 해 주네
전자상가에서 시집 온 며느리
전기밥솥

오리

큰 입을 자랑스럽게 앞세우고
대단한 일을 하는 것처럼
큰소리로 꽥꽥
수초를 헤집고 다닐 뿐이면서
요란을 떤다

배는 만삭한 여인 같고
뒷짐지고 뒤뚱뒤뚱
발을 벌리고 걷는 모습이 벼슬아치 같다

꽉꽉 채워준다는 그럴 듯한 화술
달콤한 소리에 현혹되는 민초
지난 뒤에 한숨 쉬게 하는 탐관오리

암탉의 둥지에 오리 알 넣어
부화하게 하는 얌체
오리새끼 본능 따라 물로 헤엄치러 유학 가니
자기 새끼 보살피듯 한다
죽을 고역을 다하며 눈치 보는 암탉 재벌

아무리 숨기려 해도 나온 배는 차명계좌로
스위스 은행으로 감춰 놓으나
십리도 아니 오리(五里)도 못가서 발병 날 오리(汚吏)

과일 청문회

말쑥하게 단장한 사과
접시 위에 대기 중이다

풍우에 시달린 자국과
병충해를 막기 위해 뿌린 농약
씻어 내느라 애쓴 모습이다

톱니처럼 생긴 식빵 써는 칼과
고기 다지기용 큰 칼도 과일 깎겠다고 나선다
상처만 줄 뿐 속내를 꺼내 보지 못할 텐데

서슬이 퍼런 과도가 여론과 함께
과일을 깎는다
내 편 것은 행주로 닦아 윤기를 낼 뿐
네 편 것은 뼈 속까지 후벼 파는 과일 깎기
제대로 된 과일 먹기가 쉽지가 않네

대입법

내게는 주변이
왜 저럴까
이러면 안 될까
내 생각에 대입한다
어느 새 나는 판사가 되어
판결을 내린다
다른 것을 이해 못하고
틀린 것으로 착각하는 모습
나도 내 뜻대로 못하면서
남들은 이상향에 놓고
그러기를 바라는
자기모순에 산다.

침대의 오만

나는 이탈리아에서 바다 건너 왔어
게르마늄을 깐 요람이야
자동 안마 역할도 하지
권위와 품격은 스프링으로 내장했다구

어떠한 권력 앞에도 절대로 부동자세로 서지 않아
내 덩치의 위압 때문에 모든 가구가 양보하거든

누워서 밤하늘에 별을 세거나
양의 숫자를 세는 일이 없거든 수면제 역할도 하지

너의 과시와 오만 독불장군이 되고 싶은 거니
너 혼자 있으면
하찮은 먼지한테 정복당할 거면서
쓸쓸한 산장같이
거미들이 집들이 하겠지

포근한 엄마 품 만들고 싶다면서
사랑하는 사람들의 소곤거리는 소리도 듣고 싶다면서

이불을 만나야 이루어진다는 것을 알고 있니

군산의 새벽

호남의 넓은 들
무자비한 왜구의 말발굽으로
곡창은 다리가 휘어 비척이고
주름진 햇살은 가슴앓이를 한다

기름진 쌀은 물 값으로 비료 값으로 둔갑해
세계를 삼키려는 일제의 식량으로
태평양 전쟁을 부채질하러 떠난다

꽃피는 봄
새소리는 구슬픈 노래 가락 되어
고리채로 허덕이는 보릿고개
쌀가마니 짜는 터진 손이 주린 배를 다 잡으면
텅 비어 있는 논밭이
꼬르륵 소리 내며 손등을 타고 오른다

평야에 넘실대는 누런 벼는 수탈자의 배를 불리고
농부는 농기구일 뿐
고양이 앞에 쥐 신세라

위세도 당당한 영원할 것 같은 고양이
그 앞에 나타난 호랑이 같은

원자폭탄에 손을 드니
오수부동 격이라

영원한 강자도 약자도 없는 것을

동구 밖 자드락길

하루를 코바늘뜨기하며 전진하는 것을 멈추고
구두 벗어 던지고 넥타이 풀고
슬리퍼에 운동복 차림으로

와도 그만 가도 그만인 그곳에
터진 주머니에 고단한 일상의 찌꺼기를
조금씩 흘리며 어슬렁거린다
고양이처럼

기찻길처럼 정해진 길이 아니기에
달려가는 화살촉을 붙잡아놓고 느림의 미학을 습득
하며
목표랄 것도 없이 해찰하는 아이처럼 걸어본다

햇볕과 그늘 사이를 왔다갔다한
상쾌한 바람이 벤치에 앉아
내손을 잡아당기며 속삭이는 말
이곳에 왜 왔냐고 묻는다
어머니가 왜 좋으냐고 묻는 것처럼

그냥 좋으니까라고 자문자답하며

지루하거나
멍청한 날을 씻어내고 싶어서라고 해야 하나
40도가 넘는 찜통더위 같은 숨가쁜 시간을
식히고 싶어서라고 말해야 하나

□ 해설

시어들의 유쾌한 축제『미래보고서』

홍 문 표
시인 · 문학박사 · 전 오산대학교 총장

임형선 시인의 시집 『미래보고서』 발간을 축하한다.

임형선 시인의 이번 시집 『미래보고서』가 보여주는 그의 시학은 밝고 긍정적인 삶의 고백이고 특히 일상을 뛰어넘는 은유의 시어들로 유쾌하게 노래하고 훠이훠이 자유롭게 춤을 추는 축제의 언어다. 그만큼 그의 시는 현실과 미래를 자유롭게 넘나들며 시적 자유를 구가하는 달관의 시학이다.

그는 서시 詩로의 초대에서 먼저 "무의미하게 누워있던 문자들이 몸을 일으킨다/ 기지개를 켜며 걷기도 하고 뛰기도 하며 어깨춤을 출 때 슬며시 손을 잡고 초대한다" 한다고 했다. 그의 시학은 누워있는 무의한 문자들을 일으켜 의미 있는 생명력이 넘치는 문자들로 재생산 하는 것이라는 것이다.

이러한 그의 시학을 토대로 시인이 지향하는 시집『미래보고서』의 지도는 가족사랑 이웃사랑 나라사랑이라는 대 주제를 그리며 그 첫 번째 작업은 시집 제1부 '아름다운 얼굴'에서 시작한다. 그의 가족사랑은 가족들과 더불어 살던 성장의 시간, 그 아련하게 떠오르는 아름다운 얼굴들의 시간과 공간이 바로 가족 사랑의 요람이었음을 선명한 이미지로 소환하게 된다.

제2부는 "하늘에 닿는 마음'으로 나라사랑과 이웃사랑의 꿈이다. 바로 시집 제목이 되고 있는 작품 미래보고서가 진열된 이곳엔 국난극복의 치열한 민족사와 통일의 염원, 그리고 지구촌시대에 문화의 다양성을 인정하고 나를 사랑하고 너를 칭찬하는 참 사랑의 실천을 통해 화해와 평화가 있는 나라, 모두가 공존 공영하는 나라, 그날을 하늘에 그리며 미래 보고서가 배치되고 있다.

제3부는 다시 고향으로 유년기로 돌아가 사랑의 원천을 찾아보는 '회향'의 노래다. 그 회향의 시간과 공간에는 바로 아버지와 어머니의 사랑과 고통과 눈물과 기도가 나비처럼 학처럼 나르고 있는 내 마음의 고향이다. 그리고 이러한 부모 사랑의 아련한 흔적들은 모든 인간들이 함께 공감하는 마음의 고향이라는 데서 이 시인의 사랑 학을 함께 감동하게 된다.

그러나 비정한 것은 우리가 그렇게 소중히 간직하고 더불어 사랑을 실천하고자 하지만 인간관계란 영원한 것이 아니다. 인간에겐 아름다운 사랑의 만남도 있지만 또 그들과 헤어져야 하는 슬픔과 회한이 있다. 그것이 인간의 실존이고 존재의 한없는 허무가 된다. 그래서 시인은 제4부 '보내는 마음'을 애절하게 고백하고 있다. 거기엔 지금까지 그렇게도 아끼고 사랑했던 가족이 있고 이웃이 있고 나라도 있다. 제5부엔 자연에 대한 시적 관심을 보여주는 '계절의 소리'가 있고 제6부엔 삶의 현장에서 볼 수 있는 치열한 세태가 예리하게 들추어지고 있다.

임형선 시인의 사랑이야기는 먼저 유년기의 가족사에서부터 시작된다. 특히 작품 「빨랫줄」과 「구름집」에서 고단했던 지난시대의 풍경과 더불어 끈끈했던 가족들의 사랑이야기가 선명하게 드러난다.

어머니 아버지가 이어 놓은 가족의 연결고리
해질녘이 되니
무거운 짐 다 내려놓고 한 일자로 휴식중이다

고단한 어제를 다 씻어내고
뽀송뽀송한 새날을 준비하는 동동거리는 손

크기도 모양도 색깔도 다른 한 가족의 묶음
어머니의 손때 묻은 빨래집게 의지하고
한 줄로 올라타고 앉아
거센 바람이 불어와도 그네를 탄다
할머니 할아버지 밥상에 앉지도 못했던
옷가지도 같은 줄에서 나부낀다

– 「빨랫줄」에서

장날이면 장 보러 와 점심상 앞에 앉고
깡통 든 분은 대문 옆에 대기 중이고
친구들은 시도 때도 없이 밀물인 듯 몰려 와
하얀 포말로 침 튀기고
사랑방은 풍선처럼 커졌다 작아졌다
언니 친구들의 후루룩거리는 소리
국수 가락 같은 긴 말들을 고추장에 버무리고

공부하겠다 몰려 온 책가방들이
제발 잠 좀 자자는 할머니의 불호령도 안 들리는
고구마 깎아 먹기
찬밥 한 덩이에 탁 쏘는 동치미 무
밤 새워 나눠도 부족했던 이야기

– 「구름집」에서

가족이라는 혈연의 연결고리는 한 줄로 빨랫줄에 널린 옷가지와 같다. 그 한 줄의 사랑꽃이는 한 가족 모두의 삶이고 기쁨이고 희망이다. 가족뿐만 아니라 가족이 아니더라도 인생이나 우주는 같이 한 묶음에 묶이면서 높이높이 나르는 빨랫줄이다. 같은 줄에서 나부끼는 것이 삶이고 사랑이기 때문이다. 가족이이야기에는 가족만 있는 것이 아니라 한 시대의 역사가 있고 문화가 있고 구체적인 삶의 숨소리가 있다.

그러나 정녕 가족 사랑의 이야기는 바로 어머니와 아버지의 이야기에서 비롯된다. 부모에게서 사랑을 배우고 사랑을 느끼고 또 나도 그 사랑을 내 가족들에게 나누워야 하기 때문이다. 그렇다면 시인에게 아버지와 어머니는 어떤 존재였을까.

삽과 괭이가
하얗게 물든 논밭
까치 발자국
밭고랑에 나갈 채비를 하는 농기구
여덟 숟가락 별채
지게가 밭으로 간다
아버지의 삽이 퍼 담은 밥그릇
여름 동안 땀범벅이 된 흙
아버지의 땀방울의 무게

형제들 가슴에 저며든다

–「아버지의 놀이기구」에서

주렁주렁 이야기 매달고 있는 느티나무
틈새마다 새들이 찰랑찰랑 소리 엮는다

우듬지에 앉은 직박구리 새가 잔소리하면
멍청해진 귀를 물에 씻는다

멋쟁이 팔색조 남편
솔솔이 뜯었다 꿰맸다 반복하는
명주 바지저고리
오 일 동안 다음 장날 준비해 주면
호이잇 호이잇 퉁소 소리처럼 콧노래 부르는 철없는 하나님
어머니의 골무는 속울음 운다
…
숨어있던 어머니의 못 자국이
점박이처럼 찍힌 가을이 내려앉는다

–「속울음」에서

지난 시대 우리들의 아버지는 삽과 괭이와 지게로 살았던 농민의 삶이었다. 땅을 파고 씨를 뿌리고 하늘이 주는 양식으로 살던 삶이었다. 그들은 땅을 파야했고 땀을 흘려야 했고 힘든 노동을 해야만 가족을 지키고 함께 삶을 도모하는 고단한 삶이었다. 아버지의 삽이 퍼 담은 밥그릇, 땀범벅이 된 흙에 잠겨 있는 아버지의 땀방울의 무게, 거기에 아버지의 삶이 있고, 사랑이 있었다.

한편 어머니는 누구였나. 팔색조 남편의 뒷바라지, 친척들

대접, 딱따구리 쪼아대도 바람이 불어와도 스펀지처럼 모든 것을 삼키며 느티나무처럼 항상 푸르게 살았던 어머니. 세월의 덫을 톱질하다 지쳐 누렇게 물들어 있는 어머니의 못 자국만이 점박이가 되어 가슴을 저민다. 일정 때, 해방이후 전쟁 때, 그 척박했던 역사의 뒤안길에서 우리들의 아버지와 어머니는 그렇게 가족들과 자식들을 사랑하며 희생하며 살았다.

그렇다면 시인의 나라사랑 이웃사랑의 이야기는 어떤 것일까. 그의 작품 미래보고서는 그 길을 묻고 대답을 한다.

이 민족의 분단의 십자가(+)는
덧셈(+)으로 해결하라는 신의 천명
저어하지 말고 은밀하게
주고 또 주고 잊어버리고
마음을 촉촉이 녹여보자

– 「백자단 꽃」에서

누가 거둘 것인가
디아스포라가 되게 할 수 없는 내 형제
한손은 평화를 위해 방패를
한손은 이들을 담아 놓을 통일의 댐
참 사랑이 찰랑찰랑 넘치도록
또 다시 줄서기를 하자
2025년 봄맞이를 그렇게 준비하자

– 미래보고서 (1)에서

주제는 참사랑을 찾아서
나를 자랑하고 너를 칭찬한다

각 부스를 지키는 예사롭지 않은 복장
눈과 손만 내어 놓은 부르카를 입은 여인
삭발한 스님
모자와 오버코트를 입은 랍비도
스카프를 한 수녀도 치마저고리를 입은 정녀도
복장이 각각의 말을 하고
진리 찾아 나선 시선을 모으고 있다

– 미래보고서 (2)에서

물들이 흘러 바다에 닿으면
하나가 될 거면서요

숲속의 나무들은
가랑비도 이슬비도 작달비도 모다깃비도
다 받아들여 잘 어울려 살더이다

– 「물긷기」에서

시인은 유년기의 가족사랑을 통하여 특별히 아버지와 어머니의 뜨거운 사랑, 헌신적인 삶을 통하여 이미 온몸에 뿌려진 사랑의 씨앗들은 다시 가족사랑으로, 나라사랑으로, 이웃사랑으로 개화하여 사랑의 꽃향기를 날린다. 그는 미래보고서의 첫 주제를 분단의 십자가를 극복하는 길이라 했다.

그것은 백자단 꽃처럼 주고 또 주는 것, 뺄셈이 아니라 덧셈이다. 주고 또 주고 잊어버리는 것이다. 통일은 동족에 대한 무한 사랑에서 시작된다. 그러니 한 손엔 평화를 위해 방패를 준비하지만 한 손엔 이들을 포용할 사랑의 댐을 만드는 것이다. 통일의 길도 참 사랑의 실천이기 때문이다.

한편 우리에겐 다문화 가족들과 더불어 살아야 하는 산업사회가 되었다. 이제는 민족을 넘어 지구촌 시대의 이웃들과 더불어 살아야 하는 시대다. 각양각색의 외모와 역사와 문화와 심지어는 종교와 사상도 이질적인 이웃들과 더불어 살아야 하는 시대다. 이들과 어찌 살 것인가, 길은 역사 참 사랑의 실천이다. 그것은 항아리에 물 긷기다. 강들이 모여 바다가 되고, 나무들이 모여 숲을 이루듯이 모두가 어울려 사는 세상, 거기에 참사랑이 있고, 통일이 있고, 평화가 있고, 번영이 있다.

그러나 시인이 갖추어야 할 덕목은 무엇이며, 정녕 좋은 시의 조건은 무엇인가. 거기엔 시인의 아름다운 삶이 있고, 빛나는 작품이 있어야 한다. 아름다운 삶은 최고의 가치인 사랑을 실천하는 것이고 빛나는 작품은 고목나무에서 꽃이 피듯이 죽음에서 생명으로, 어둠에서 밝음으로, 침묵에서 함성으로 새롭게 거듭나는 창조적 문자가 생성되어야 하는 것이다.

임형선 시인은 앞서 인용에서 보았듯이 가족사랑, 나라사랑, 이웃사랑이라는 아름다운 주제를 진지하게 드러냄으로 고상한 시인의 덕목을 잘 드러내고 있다. 그렇다면 그러한 주제를 어떻게 시적으로 승화하여 빛나는 예술로 재창조하였을까. 그것은 그의 상상력, 바로 은유적 시학의 작업에서 확인하게 될 것이다. 그의 은유적 시학을 무작위로 몇 구절 살펴보자.

친구들은 시도 때도 없이 밀물인 듯 몰려 와
하얀 포말로 침 튀기고
사랑방은 풍선처럼 커졌다 작아졌다
언니 친구들의 후루룩거리는 소리
국수 가락 같은 긴 말들을 고추장에 버무리고

– 「구름집」 에서

크기도 모양도 색깔도 다른 한 가족의 묶음
어머니의 손때 묻은 빨래집게 의지하고
한 줄로 올라타고 앉아
거센 바람이 불어와도 그네를 탄다
할머니 할아버지 밥상에 앉지도 못했던
옷가지도 같은 줄에서 나부낀다

– 「빨랫줄」 에서

주렁주렁 이야기 매달고 있는 느티나무
틈새마다 새들이 찰랑찰랑 소리 엮는다

우듬지에 앉은 직박구리 새가 잔소리하면
멍청해진 귀를 물에 씻는다

– 「속울음」 에서

밭고랑에 나갈 채비를 하는 농기구
여덟 숟가락 별채
지게가 밭으로 간다
아버지의 삽이 퍼 담은 밥그릇

–「아버지의 놀이기구」 에서

임형선 시인의 시학은 무엇일까, 그것은 그 서시에서 이미 밝힌바 있다. 그가 시로의 초대에서 밝힌 약속은 무의미하게 누워있는 문자들이 몸을 일으키고 기지개를 켜고 걷기도 하고 뛰기도 하며 어깨춤을 출 때 그러한 은유적 언어들의 축제에 초대하는 것이라고 하였다. 그것은 일상의 언어나 기존의 일반적인 의미를 뛰어넘어 새롭게 부활하는 재창조의 작업인데 이는 고목나무에서 꽃이 피게 되는 은유적 마법의 신기한 작업이기도 하다.

솔직히 시에서 사랑이란 주제는 고상하면서도 너무 상식적일 수 있다. 가족사랑, 나라사랑, 이웃사랑이란 덕목은 너무 일반적이어서 그런 문자들이 은유의 날개를 달고 뛰기도 하며 어깨춤을 추기란 그리 쉬운 일이 아니다. 그런데 임형선 시인의 이번 시집에서 보여주는 그의 시에로의 초대장에는 누워있는 문자들이 몸을 일으키고 모두가 어울려 어깨춤을 추는 시어들의 유쾌한 축제의 장이 되고 있다.

몇몇 예를 들어 보자.「구름집」에서는 "사랑방은 커졌다 작아졌다" "국수 가락 같은 긴말들을 고추장에 버무리고",「빨랫줄」에서는 "어머니의 손때 묻은 빨래집게 의지하고/한 줄로 올라타고 앉아/거센 바람이 불어와도 그네를 탄다/할머니 할아버지 밥상에 앉지도 못했던/옷가지도 같은 줄에서 나부낀다",「속울음」에서는 "주렁주렁 이야기 매달고 있는 느티나무/틈새마다 새들이 찰랑찰랑 소리 엮는다",「아버지의 놀이기구」에서는 "밭고랑에 나갈 준비를 하는 농기구/여덟 순가락 별채/지게가 밖으로 간다" 등의 문장을 보는데 이는 결코 일반적인 문법의 문장이 아니다. 이들은 모두 누워 있던 문자들이 몸을 일으키고 기지개를 켜고 걷기도 하고 뛰기도 하고 어깨춤을 추는 살아 있는 언어들이고 고목나무에서 꽃을 피우는 은유적 상상력으로 재탄생한 시적 언어들이다.

이처럼 임형선 시인의 시집 『미래 보고서』는 가족사랑, 나라사랑, 이웃사랑이라는 보편적인 정서에 화해와 통합, 평화와 번영이라는 현실적, 역사적 가치를 미래 보고서로 꾸민 사랑의 시학일 뿐만 아니라 고목나무에서 꽃을 피우는 은유적 상상력을 유감없이 발휘하여 시학의 예술성을 선명하게 드러낸 시어들의 유쾌한 축제의 장이 되고 있다.

미래보고서
임 형 선 시집

2024년 4월 13일 인쇄
2024년 4월 13일 발행

지은이 임 형 선
펴낸이 신 용 호
펴낸곳 창조문학사

서울 서대문구 홍은동 397-26 동천아카데미 5층
등록번호 제1-263호
전화 374-9011, Fax 374-5217
공급처 한국출판협동조합 전화 716-5616~9

저자와 협의에 의해 인지를 생략합니다.
파본은 바꾸어 드립니다.
값 10,000원
ISBN 978-89-7734-805-9

*본 사업은 대전문화재단 에서
사업비 일부를 지원 받았습니다